...Une brindille d'Eternité...

Haïkus Zen Indigo.

Lydia MONTIGNY

HAIKUS ZEN INDIGO

Mentions légales

© 2023 Lydia MONTIGNY

Édition : BoD – Books on Demand, info@bod.fr
Impression : BoD – Books on Demand, In de Tarpen 42, Norderstedt (Allemagne)

Impression à la demande

ISBN : 978-2-3222-3906-1
Dépôt légal : Juillet 2023

Livres précédents (BoD)

* *Dans le Vent (VII 2017)*
* *Ecrits en Amont (VIII 2017)*
* *Jeux de Mots (VIII 2017)*
* *Etoile de la Passion (VIII 2017)*
* *As de Cœur (XI 2017)*
* *Pensées Eparses et Parsemées (XI 2017)*
* *Le Sablier d'Or (XI 2017)*
* *Rêveries ou Vérités (I 2018)*
* *Couleurs de l'Infini (II 2018)*
* *Exquis Salmigondis (V 2018)*
* *Lettres simples de l'être simple (VI 2018)*
* *A l'encre d'Or sur la Nuit (X 2018)*
* *A la Mer, à la Vie (XI 2018)*
* *Le Cœur en filigrane (XII 2018)*
* *Le Silence des Mots (III 2019)*
* *La Musique Mot à Mot (IV 2019)*
* *Les 5 éléments (V 2019)*
* *Univers et Poésies (VIII 2019)*
* *Les Petits Mots (X 2019)*
* *Au Jardin des Couleurs (XI 2019)*
* *2020 (XII 2019)*
* *Nous... Les Autres (X 2020)*
* *Ombre de soie (III 2020)*
* *Les Jeux de l'Art (IV 2020)*
* *Harmonie (VI 2020)*
* *La source de l'Amour (VIII 2020)*
* *Au pays des clowns (X 2020)*
* *365 (XI 2020)*
* *L'Amour écrit... (XII 2020)*
* *Haïkus du Colibri (II 2021)*

.../...

…/…

* *Le Bonzaï d'Haïkus (IV 2021)*
* *Blue Haïku (V 2021)*
* *Avoir ou ne pas Avoir (VII 2021)*
* *Haïkus du Soleil (VIII 2021)*
* *Equinoxe (XI 2021)*
* *Un jour… Un poème (XII 2021)*
* *50 nuances d'Amour (VI 2022)*
* *Haïkus de l'Eté (VIII 2022)*
* *Haïkus blancs de l'Hiver (X 2022)*
* *Philopoésie (XI 2022)*
* *Toujours (XII 2022)*
* *L'Horizon des mots (III 2023)*
* *Sagesse (VI 2023)*

Haïku du soleil

Tatouant un mot sage

Sur une âme claire

Instant éternel

Paraphrase du présent

La méditation

Reflet sur le lac

Pâleur dorée de la nuit

Lune coassant

Dans l'ombre du soir

Faseye un souvenir

Une chandelle

Absence d'ailleurs

Sérénité du présent

Etre à cet endroit

Dernier soir d été

Révérences d'hirondelles

Juste un " au revoir"

Inspirer confiant

Expirer en s'apaisant

Sourire calme

Eclats de douleurs

Morceaux brisés de la veille

Force d'aujourd'hui

Eveil de l'automne

Dans l'or orangé des arbres

Un bonbon au miel

Vivre simplement

S'arrêter pour regarder

Respirer une fleur

Une brume tiède

Monte dans le ciel paisible

L'été expire

Ouvrir la cage

Des pensées envahissantes

Devenir libre

Pêche immobile

Reflet sur le lac d'argent

Le grand héron bleu

Suivre le contour

D'une rivière fraîche

Ecouter l'oiseau

Jardin d'automne

Un peu de soleil tombe

Le rayon de miel

Inspirer le vent

Expirer très lentement

Accepter l'instant

Un lac frissonne

En reflets d'or orangés

La barque verte

Calme ruisselant

Sur la fenêtre des heures

Le temps devient lent

Devenir l'indien

Aux plumes tournoyantes

Totem d'automne

Absence de doute

Pensée sans égarement

La sérénité

La lumière fond

Sur mon corps immobile

Douceur silencieuse

Blancheur ouatinée

Chaleur d'une cheminée

La tasse brûlante

Frêle instant de sieste

Souffle chaud parcourant l'ombre

Immortelle en fleur

Journée de lenteur

L'escargot se retourne

Vers son avenir

La déclinaison

Patiente de ses couleurs

Ode du printemps

Souffle de la vie

Energie du cœur battant

Le simple essentiel

Baiser du soleil

Sur l'oreiller de plumes

Se laisser tomber

Dôme de verdure

Les chuchotements de l'eau

Le soleil s'égoutte

Liquation solaire-

L'or d'un été s'évapore

L'amour s'éternise

Fraîcheur précieuse

Aube de l'été rouge

Sous un grand chapeau

Jour de paresse

Supposer être invisible

Pour ne rien faire

Relever la tête

Défier la lassitude

Energie verticale

Boire le soleil

Allongé sur l'horizon

Joli parasol

Déplier le ciel

Accrocher tous les rêves

Fleur de lotus bleue

Sofa si cosy

Discrétion de causerie

Le regard sur soi

Lancer un souhait

Dans le ciel du lendemain

Et joindre les mains

Plume de l'amour

Ecrivant sous le charme

D'une encre invisible

Moment de quiétude

Parmi les fleurs d'osmanthus

Délicieusement

Univers des songes

Ruissellement d'étoiles

Pour offrir un vœu

Boules de charbon

Ronflements et étincelles

Explosion du ciel

Nuage de pensées

Aimer le voir s'éloigner

Intuition de l'âme

Imaginer l'eau

Ruissellement sur la peau

Le cœur indigo

Gommer le rivage

Respirer l'air du soleil

Dans le bruit des vagues

Poser la tristesse

Dans la vallée des oublis

Conscience du bonheur

Relâcher le corps

Suivre la respiration

Flotter doucement

Un silence noir

Un doute seul dans le soir

La pleine lune

Conscience de l'espace

La pause ignore le temps

Calme de la vie

Instant hors du temps

S'immerger dans la nature

Parfum d'harmonie

Silence limpide

Solitude lumineuse

Rêve bleu horizon

Flâner au jardin

Contemplation silencieuse

Un papillon vert

« Etre » de bas en haut

La réalité s'éveille

Conscience vive

Image fragile

Couleurs sages du présent

Simple perfection

Le corps et l'esprit

Naturellement unis

Humble équilibre

Jardin bohême

A l'ombre du vieux platane

Une chaise oubliée

Journée au soleil

S'imprégner de l'inaction

A l'horizontal

Masser le silence

Art subtil de la douceur

Emotion du corps

Marcher dans les vagues

Respirer la brise libre

Sourire salé

Un silence rêve

Le doux secret d'un jardin-

Un nuage passe

Energie du corps

Se glissant entre les mains

Lueur du massage

Balancement lent

Temps s'étirant vaguement

Le hamac blanc

Sofa si cosy

Discrétion de causerie

Le regard sur soi

Un chemin de lune

Emprunté par le silence –

Marcher les pieds nus

Tutoyer le rêve

Frôler la certitude

Confiance paisible

Jour d'oisiveté

Attendre que rien ne se passe

Façonner le néant

Esprit épanoui –

Ecrire un invisible

Haïku de lumière

Utopie naïve –

Se fondre en certitude

Sans rien déranger

Energie ronde

Transparence de l'être

Lueur d'une bulle

Ecrire dans le vent

Rêver du bout de l'index

En déliés se déliant

Pensées impossibles

Sculptées dans l'éternité

Sans espoir ni crainte

Regarder la mer

Courir vers cette vague

Fondre dans sa force

Désirer toucher

Souffrance d'hésitation

Oublier pourquoi

La pluie tombe douce

Mélodie presque tiède

Bulle de monoï

Une carpe saute

Ridant le miroir couchant

Autour de la lune

Silence intérieur

Un rayonnement de paix

Posture du Lotus

Voici votre page !

Installez-vous dans un endroit calme, confortable, où la lumière est douce...
Respirez tranquillement...Détendez-vous... Laissez passer des mots dans votre esprit, comme de petits nuages, et à votre guise attrapez en quelques uns : ils seront simples, sincères, essentiels, positifs, humbles, joyeux, portant une couleur, une émotion, un instant... Ecrivez les ici, et vous allez voir bientôt apparaitre votre premier haïku !...
(Petit rappel de la règle : 17 syllabes au total, se répartissant sur 3 lignes, soit 5 syllabes sur la première, 7 sur la seconde et 5 sur la troisième)

Venez le partager si le cœur vous en dit, sur le groupe Facebook « Entre l'Air et la Plume... la création » !
A très vite de vous lire !

Poétiquement,
Votre Haïjin, Lydia